ESTHER K.
genannt EMMA

Peter Heinl

ESTHER K.

genannt EMMA

Eine Märchenfantasie

THINKAEON

Copyright © Peter Heinl, 2016

Thinkaeon®

Thinkclinic® Publications

Thinkclinic® Limited

32 Muschamp Road

GB London SE15 4EF

ISBN 978-0-9931532-9-7

Der Autor/Verlag dankt für das Respektieren des folgenden Hinweises: Alle Rechte vorbehalten. Der Nachdruck ist, auch auszugsweise, nicht gestattet. Kein Teil dieses Werkes darf ohne schriftliche Einwilligung des Autors/Verlags in irgendeiner Form (Fotokopie, Mikrofilm, Digital, Audio, TV oder irgendeinem anderen Verfahren) – auch nicht für Zwecke der Unterrichtsgestaltung – reproduziert oder unter Verwendung elektronischer Systeme verarbeitet, vervielfältigt oder verbreitet werden.

www.thinkclinic.com

drpheinl@btinternet.com

Twitter: @DrPeterHeinl und @Thinkclinic

Facebook: peter.thinkclinic und thinkclinic

LinkedIn: Peter Heinl

Xing: Peter Heinl

Gestaltung und Umsetzung: uwe kohlhammer

Umschlagabbildung: Peter Mittmann

Dieses Märchen widme ich meiner Mutter zum Dank,
dass sie mir in meiner Kindheit Märchen
erzählte, schöne und zudem
selbst erfundene,

und

ich widme es
Venla und Vilma
als Begleitung durch das Land
der Märchen, der Fantasie, des Zaubers und des Staunens

VORWORT

Liebe Kinder,

Dieses Märchen habe ich nur für euch Kinder geschrieben. Ich habe mir gedacht, dass es nicht richtig ist, wenn es noch viel zu viele Erwachsene, das heißt mehr oder weniger große Leute gibt, die den Kindern viel zu viel verbieten, und dabei selbst manchmal schlimme Sachen machen, wie heimlich in der Nase zu bohren, beim Essen zu schmatzen, nie zuzuhören oder mit großen Kanonen andere klein zu schießen.

Und daher habe ich mir gedacht, dass ich dieses Märchen nur für Kinder geschrieben habe, und ich verbiete es daher den Erwachsenen, es zu lesen. Es gibt nur eine Ausnahme, dass die Erwachsenen es lesen dürfen, und die gilt dann, wenn sie es Kindern vorlesen. Aber dann dürfen sie es nur so vorlesen, wie es den Kindern gefällt und nicht mit langweiligem Gesicht oder alle fünf Minuten aufstehen, weil gerade wieder einmal das Telefon klingelt. Und dann gibt es noch eine andere Ausnahme und die gilt, wenn die Erwachsenen wirklich liebevoll sind. Ja, dann dürfen sie auch einmal allein in dem Märchen lesen, aber nur leihweise und wehe, sie fangen an, Moralpredigten zu halten. Dann müssen sie es sofort wieder zuklappen und aus der Hand legen und wehe, wenn sie es nicht sofort tun und gleichzeitig schwören, dass sie nie mehr etwas Schlimmes über Märchen sagen.

Und wenn sie sich nicht daran halten, dann müssen sie drei Tage hintereinander rohen Spinat essen oder diese ganz zähe Leber, die einfach nicht klein zu beißen ist, oder sie müssen hundert Mal ihren Namen schreiben, aber richtig ordentlich. Die gleichen Strafen gelten auch, wenn die Erwachsenen das Märchen heimlich lesen, wie nachts unter der Bettdecke, oder sich damit auf der Toilette einsperren, und dann so tun, als seien sie ganz unschuldig! Dann müssen sie als Sonderstrafe noch einen netten Entschuldigungsbrief schreiben und die Briefmarke selbst mit der Zunge ablecken. Das werden die Erwachsenen dann nicht so schnell vergessen.

Ich habe alles so ausführlich aufgeschrieben, damit ihr Kinder auch wirklich wisst, dass ich dieses Buch nur für euch geschrieben habe. Vielleicht wird jetzt ein Schlaumeier sagen, wie ich das überhaupt tun kann, wo ich doch selbst erwachsen bin.

Ja, das ist wirklich eine ganz gewitzte Frage. Aber ich habe eine Ausrede und die ist ganz einfach. Ich bin zwar schon erwachsen und in die Höhe geschossen. Aber innerlich bin ich, wie man so sagt, ein Kindskopf geblieben und rutsche viel lieber auf dem Teppich mit meinen Bauklötzen herum, als auf dem unbequemen Schreibtischstuhl zu sitzen, um mir mit Gedanken den Kopf zu zerbrechen. Denn das ist das

Wichtigste, was ich in den Jahren gelernt habe, seitdem ich erwachsen geworden bin – das heißt ich musste es ja werden, denn ich wollte es nicht und man hat mich auch nicht gefragt. Aber mehr werde ich jetzt nicht verraten.

    Viel Spaß wünscht euch

    Peter Heinl

Ein wichtiger Hinweis: Das Lesen dieses Märchens ist Erwachsenen nicht ohne ausdrückliche Genehmigung von Kindern gestattet.

Ernsthaft!

1

Jedes Märchen fängt mit dem berühmten Satz an: „Es war einmal." Aber warum sollen märchenhafte Dinge immer nur in der Vergangenheit geschehen sein? Ich finde, dass es bunte Papageien, zarte Feen mit Windpropellern und Nikoläuse, die mit dem Walkman und einem Stock mit funkelnden, elektrischen Glühbirnen durch den Schnee laufen und die lange Schlangen von schwarzer Lakritze hinter sich herziehen, auch in der Zukunft geben sollte.

Denn was ist, wenn man das ganze Leben vor sich hat und all die schönen Märchen schon hinter sich? Ja, ich denke, es ist genauso, wie wenn man die schöne, wundervolle Nachspeise, die wie ein Gedicht auf der Zunge zerfließt, schon am Anfang vorgesetzt bekommt und dann erst zum Schluss die eklige Suppe löffeln muss, in der Mehlknödel plump wie Wackersteine herumsitzen und die Fettflecke einen wie tote Fischaugen anstarren. Nein, das wäre keine schöne Zukunft!

Also, so habe ich mit dem Fuß, und zwar dem rechten Fuß, auf den Boden gestampft, und zwar so fest, dass ich es auch wirklich gehört habe, und habe mich entschlossen, dass ich kein Märchen erzählen will, das mit dem Satz anfängt: „Es war einmal." Ja, ich habe es ganz deutlich zu mir selbst gesagt, dass ich es auch wirklich selbst begreife, was ich mir vorgenommen habe. Denn Märchen, die mit dem Satz anfangen „Es war einmal" gibt es wie Sand am Meer oder wie Autos am Frankfurter Kreuz oder wie Schilder „Spielen für Kinder verboten" in der Stadt und ein solches Märchen will ich nicht schreiben, auch wenn andere Leute mir die Ohren lang ziehen oder mir das ganze Märchen mit einem Rotstift durchstreichen wollen.

So fest habe ich es mir vorgenommen, dass ich gesagt habe „Ich schwöre es", und zwar bei allen Flugechsen, bei allen rot lackierten Dinosauriern und bei allen Tintenfischen, die es auf der ganzen Welt gibt, und bei allen Weihwassern mit allen Goldfischen, die da ein Spaßvogel hineingeworfen hat, sodass sie jetzt ganz heilig darin herumschwimmen. Ja, ich schwöre es, auch wenn mir die rechte Hand schon vom vielen Zusammenpressen weh tat.

Aber weil ich dies ganz allein im Zimmer geschworen habe und nur in Anwesenheit der Lichtstrahlen, die verspielt ins Zimmer geschienen haben und in Anwesenheit der Eintagsfliege Isabella Rastaschnella, denn sonst war niemand im Zimmer, denn all die Großen waren bei der Arbeit oder gerade mal wieder an der Tankstelle, ja, weil ich es so allein geschworen habe und ganz konzentriert und ohne heimlich den Fernseher anzuschalten und fernzusehen, ist dieser Satz auch mein großes Geheimnis. Dieses Geheimnis will ich auch nicht lüften, denn sonst könnte jemand kommen und es mir wegnehmen.

2

Aber ich will nicht abschweifen. Ich wollte nur sagen, wie ernst es mir damit ist, das Geheimnis zu wahren. Und deswegen will ich es auch niemandem verraten und, wenn ich es niemandem verrate, dann weiß es auch niemand und dann lassen sie mich auch in Ruhe und ich kann mich jeden Tag an meinem Geheimnis freuen wie ein Schneekönig oder das noch nicht gegessene Gummibärchen. Und deswegen werde ich mein Märchen jetzt auch nicht mit dem Satz anfangen „Es wird einmal sein". Denn sonst hätte ich ja mein Geheimnis verraten. Aber ich werde das Märchen auch nicht mit dem Satz anfangen „Es war einmal". Und das ist auch nicht schlimm. Denn die meisten großen Leute werden es nicht merken. Denn sie merken meist nur, wenn sie zu spät zur Arbeit kommen oder wenn der Chef oder die Chefin einmal schlecht gelaunt sind.

Aber merken die Erwachsenen denn, ob der Teddybär heute Nacht gut geschlafen hat? Ehrlich? Hand aufs Herz! Merken sie denn, ob heute Nacht wieder einmal das Gespenst vorbeigeflogen ist oder merken sie denn, dass das Knie immer noch weh tut, weil es sich neulich an dem Asphalt blutig geschürft hat? Oder merken sie denn, dass es weh tut, weil der Roland neulich zu der Emma gesagt hat: „Emma, du bist ein Mädchen und du bist eine dumme Kuh."

Und den ganzen Nachhauseweg hat es der armen Emma so weh getan und sie musste oft stehen bleiben, um sich die Tränen am Pullover abzuwischen und sie musste dann einige Male vor dem Haus ums Karree laufen, damit niemand sieht, dass sie verweinte Augen hat.

3

Denn wenn Emma gesagt hätte, dass sie bitterlich geweint hat, dann hätte man zu Hause ja nur gesagt: „Aber Emma, wein doch nicht so, sei doch keine dumme Kuh. Was soll denn das, wegen so einer Bemerkung zu weinen?" Und dann hätte die Emma vielleicht gesagt: „Aber der Roland hat es doch ernst gemeint." „Ach, Quatsch," hätte da die Tante Asphalie gesagt, die gerade zu Hause zu Besuch war, um beim Verlegen der Fliesen zu helfen. „Das kann doch nicht wahr sein." „Aber doch," hätte die Emma gesagt. „Der Roland hat es mit ganz ernstem Gesicht gesagt. Ich hab es doch gesehen. Seine Augen waren ganz giftig." „Ach, Quatsch", hätte die Tante Asphalie gesagt und wäre schon ein bisschen ungehalten geworden, weil sie mit dem Fliesenlegen vorankommen wollte. „Das kann doch gar nicht sein." „Aber doch", hätte die Emma wieder gesagt und hätte gespürt, wie ihr wieder die Tränen kommen.

„Ich war doch dabei. Ich hab's doch gesehen, wie der Roland es gesagt hat und wie er es gemeint hat."

„Ach, Quatsch", hätte die Tante Asphalie wieder gesagt und schon weggeschaut, weil sie die nächste Fliese in der Hand hatte. „Klar war ich nicht dabei. Aber ich weiß doch, wie das gewesen ist. Als ich ein kleines Mädchen war, da hat man mich immer dumme Liese genannt und da konnte ich auch nicht einfach anfangen zu heulen. Und später, ja, später habe ich dann meinen Namen geändert. Deshalb heiße ich Asphalie."

„Aber du warst doch gar nicht dabei", hätte dann die Emma gesagt. „Es ist doch nicht wegen des Namens. Der Roland mag keine Mädchen." „Ach, Quatsch", hätte dann

Tante Asphalie gesagt, „das bildest du dir nur ein. Ich will jetzt nicht mehr diskutieren. Ich muss die Fliesen verlegen."

4

Und da wäre die Emma noch trauriger geworden und ganz untröstlich und hätte nur noch wegfliegen wollen, weil niemand sie verstand und hätte zu der schönen Insel fliegen wollen, wo alle Kinder hinfliegen, die von niemandem verstanden werden. Aber wo hätte sie sich Flügel kaufen können? Das Ersparte reichte nicht und es gab auch kein Flügelgeschäft.

Natürlich gab es Flügel, nämlich große, geschwungene Klaviere, die im Wohnzimmer stehen und viel Platz wegnehmen und immer im Weg stehen und immer gestimmt und staubgewischt werden müssen und wo dann der Vater nach der Arbeit wie ein Mozart spielt und summt und die Arbeit vergisst und die Ehefrau und die Kinder und die ganzen

Rechnungen und vergisst, wie hart er gearbeitet hat, um den Flügel zu bezahlen und dann immer weiter spielt, von links nach rechts und mit beiden Händen und mal spielt er rechts mit der linken Hand und mal links mit der rechten Hand und das ist ganz gekonnt und das nennt man Überspringen und die vielen kleinen Hämmerchen, die freuen sich ganz besonders, wenn der Vater überspringt. Und manchmal spielt er auch noch mit den Füßen.

Das kann man nämlich genau beobachten, wenn man unten am Flügel sitzt und ganz andächtig zuhört und dann spielt der Vater und das Rührei wird kalt und die Mutter wird nervös und der Vater vergisst alles und der Mond kommt schon und dann entspannt sich der Vater und denkt nur noch an den Ruhestand und dann sagt er, wenn er schon alle Noten abgespielt hat, wie sehr er sich auf den Ruhestand freut.

Ach, wie wäre der Ruhestand so schön, denkt sich die Emma, dann wäre der Vater den ganzen Tag zu Hause und dann käme auch jede Woche der nette Klavier- oder Flügelstimmer, der immer kleine Witzchen macht und der Emma über das Haar fährt und dann mit seinem Oberkörper und seinem Kopf in dem geöffneten Flügel verschwindet und dann schweben seine Füße im Wohnzimmer und ab und zu ein kleiner Stimmton und es ist ganz ruhig und keine Hetze. Ach, wie wäre das schön, denkt sich die Emma. Aber da kommen ihr schon wieder die Tränen und da muss sie dann noch einmal ums Karree laufen, denn sie will nichts mit der Tante Asphalie diskutieren. Emma will nicht, dass die Tante Asphalie irgendetwas merkt. Sie will nur ganz schnell klingeln und dann ganz schnell mit einem gequälten Lachen in ihrem Zimmer verschwinden.

Und dann wird die Tante Asphalie gar nichts merken und froh sein, dass es der Emma gut geht und dass sie ungestört ihre Flieserei weitermachen kann. Denn die Tante Asphalie hält sich an den Spruch:

Wer die Fliesen

mit Fleiß gelegt,

dem wird auf den himmlischen Wiesen

der Segen aufs Stirnchen geklebt.

Und dann würde die Emma den Ranzen auf den Boden und ihren Körper einfach auf das ungemachte Bett werfen und dann würden ihr wieder die Tränen kommen und sie würde nur denken, dass es so schön wäre, wenn sie jemand in den Arm nähme und ihr ein kleines Liedchen singen würde, damit sie wieder lachen kann:

So viele Schmerzen

in Emmas kleinem Herzen.

Ein sanftes Wiegen, ein zartes Streicheln,

drei wärmende Kerzen,

Lachen und Scherzen, tut so gut dem Herzen.

Dann fliegt die Kuh zum Fenster raus

und wedelt mit dem Schwanz

und Emma freut sich wieder,

wie 'ne quietschvergnügte Maus.

Sie hört Musik und sagt,

„Ich bin doch wer".

Ich bin doch weder Kuh noch Gans.

Ich bin die Emma,

voll von Stolz und lust'gem Tanz.

Wie schön wäre es gewesen, wenn jemand Emma so getröstet hätte. Tante Asphalie konnte nur Fliesen verlegen. Der Vater war bei der Arbeit und die Mutter, die stand wohl gerade irgendwo im Stau. Denn sie hatte heute früh vergessen, Brezeln einzukaufen.

5

So lag Emma auf dem Bett und wischte sich immer noch die Tränen ab. Aber dann ging es ihr besser. Das Liedchen, das ihr zugeflogen war, tröstete sie und sie dachte sich, dass sie einmal dem Roland sagen würde, dass er sich entschuldigen solle. Es sei nämlich ganz schlimm gewesen, was er da gesagt habe. Und dann würde der Roland vielleicht rot wie eine gekochte Languste werden und vielleicht würde er stottern: „Ja, es tut mir leid." Und dann würde Emma sagen: „Ja, jetzt ist es gut. Und wir wollen jetzt wieder Freunde sein."

Und dann würden sie vielleicht ein Stück zusammen nach Hause gehen, bis dorthin, wo die Straßenbahn am Süßwarenladen scharf links abbiegt und wo manchmal Betrunkene auf der Bank sitzen und am Morgen genauso betrunken sind wie am Abend und dann würde der Roland vielleicht sagen: „Heute bringe ich dich bis ganz nach Hause." „Das ist aber lieb", würde die Emma dann sagen und würde nicht mehr traurig sein und würde sich dann an der Endstation vom Roland verabschieden und ihm auch ein bisschen nachwinken. Aber so, dass es niemand sieht. Vor allem nicht Tante Asphalie. Aber die stiert ja sowieso nur auf die Fliesen. Und dann würde die kleine Emma auch wieder schnell durch die Wohnungstür in ihr Zimmer laufen. Und wieder würde sie den Ranzen einfach auf den Boden werfen. Denn das könnte sie ja tun, weil es niemand sehen würde, und wieder würde sie sich einfach auf das ungemachte Bett werfen.

Aber dieses Mal würde sie nicht bitterlich weinen, sondern einfach auf dem Rücken liegen und an die Decke sehen und dem feinen Spiel der Linien nachsinnen, die das Licht an die Decke wirft und sie würde anfangen, das Zimmer zu vergessen und die blöde Kuh und nur noch an den Nachhauseweg in der Straßenbahn denken und daran, dass der Roland sie nach Hause begleitet hat, einfach so, und wie sie dann an der Endstation ausgestiegen ist, und sie würde an das Quietschen denken, mit der die Straßenbahn gewendet hat, um wieder in die Stadt zurückzufahren, mit den wenigen Leuten und einer von ihnen ist der Roland, der jetzt allein in der Straßenbahn saß, und wie sie allein ihre rechte Hand so ein bisschen, ganz sacht, anhob, um dem Roland, der sie eine blöde Kuh genannt hatte, nachzuwinken und sie würde sehen, wie auch der Roland ihr ganz sachte nachwinkte. Aber so, dass es niemand in der Straßenbahn merkte.

Denn der Roland war ja auch ein bisschen schüchtern und wenn er es sachte machte, dann würde es auch niemand merken, denn die anderen wenigen Erwachsenen in der Straßenbahn, die lasen die Zeitung oder kauten gerade mit ihren Goldzähnen an der Stulle, die schon seit dem Morgen in der Aktentasche im Papier auf das Verschlingen gewartet hatte, oder sie sahen aus dem Fenster heraus und dachten an irgendwelche wahren Geschichten oder Märchen, die mit dem Satz anfingen „Es war einmal".

6

Aber sie, die Emma, sie fing nun an zu träumen und das Träumen kam wie eine sachte Brise, die durch eine Birke und ihre schillernden Blätter weht und andächtig den Rotkehlchen durch das Gefieder streicht, und sie hob die Emma, ganz sacht, wie ein Blatt mit silbernen Rändern, von der ungemachten Bettdecke auf und ließ sie wie auf einer zarten, warmen Hand aus dem Zimmer schweben, immer im Licht wie in einer Muschel getragen und fort von der Tante Asphalie, die immer noch die Fliesen verlegte und die auch später, auch in der Hölle, als Fliesenlegerin arbeiten würde, und fort von dem Vater, der jetzt im Anzug in einem vollklimatisierten Büro saß und nur die Tasten von seinem Computer drückte und nur flimmernde Buchstaben vor sich sah und in der Mittagspause fade Brötchen aß und Selterswasser trank, und fern von der Mutter, die jetzt gerade in der Stadtmitte auf dem Verbotsstreifen geparkt hatte, um schnell aus dem Auto zu rennen und noch ein paar frische Brezeln zu besorgen – frisch für den Nachmittag und die nicht Gegessenen frisch für die Tiefkühltruhe – und die dann auch nach Hause kommen würde und sich über die frisch verlegten Fliesen im schnuckeligen Badezimmer freuen würde und die froh war, dass sie es noch geschafft hatte, die Brezeln zu besorgen, und die noch schnell zum Fernseher rennen würde, um das Allerneueste vom Lokalen zu erfahren, und die gar nicht merken würde, dass die Emma schon längst durch das Fenster über die Wolken- und Sonnenkratzer der Stadt hinausgeschwebt war, über die flurbereinigten Äcker und über das kleine Eckchen mit wildem Mohn, der sich noch am Stadtrand gerettet hatte, und über den Ausflüglerteich, wo viele Niveamenschen ohne Flügel in der Sonne lagen und die Wasserschutzpolizei mit dem weißen Boot kreiste, um alle Menschen, die beim Sprung ins Wasser einen Hitzschlag erlitten hatten, wie Karpfen wieder herauszuangeln.

Und da flog die Emma schon weiter und weiter und die Mutter freute sich schon an der neuesten Mode und die Tante Asphalie wischte sich den Schweiß ab und der Vater, Pardon, rülpste gerade einmal, weil das fade Mittagessen nicht durch seinen Magen wollte, und da schwebte die Emma immer weiter und schaute nur und dachte nicht mehr, nicht mehr an Schulaufgaben, nicht mehr an den Ranzen, der drückte, nicht mehr an die Betrunkenen auf der Bank, nicht mehr an den langweiligen Besuch bei Onkel Friedhelm, der sie immer so roh am Haar zog und sich über Emmas Frisur lustig machte, und nicht mehr an die Tanzlehrerin, Frau Dagobert-Drillich-Rusnö, die der Emma neulich gesagt hatte, dass ihre, Emmas Beine, zum Tanzen zu „zierlich" seien, und dass es keinen Sinn habe, weiter tanzen zu lernen. „Es tut mir sehr leid", sagte Frau Dagobert-Drillich-Rusnö, „aber, liebe Emma, ich kann es nicht anders sagen. Ich kann nur Mädchen mit den richtigen Beinen ausbilden und keine Grashüpfer." Ja, und was sollte die Emma da sagen?

Aber es störte Emma nicht mehr. Sie flog und sie wunderte sich, wie leicht es sich flog und dass sie keine Flügel brauchte und auch kein Geflügel aus dem Metzgerladen, den es noch um die Ecke gab, bevor er von dem großen Supermarkt aufgefressen würde, und sie brauchte auch keine Motoren, die die Luft verpesteten und Streifen am Himmel zogen wie ein Monteur mit seinen öligen Fingern über ihr weißes Tanzkleid, das nun verloren im Wandschrank hing, gezogen wäre, um eine Grimasse drauf zu malen.

7

Und sie flog einfach dahin und je weiter sie flog, desto mehr verschwand die Stadt am Horizont und desto mehr dachte sie an den Roland, der jetzt vielleicht an sie dachte und vielleicht morgen fragen würde, aber so ein bisschen schüchtern, ob sie gestern gut nach Hause gekommen sei und was sie am Nachmittag gemacht habe, und der vielleicht seine Straßenbahn verpassen würde, so ganz unabsichtlich, einfach um mit ihr zu plaudern und dann vielleicht sagen würde, dass er sie wieder nach Hause bringen würde, natürlich nur, wenn sie keine Einwände habe, und je mehr sie in diesem sachten Wind dahinschwebte, desto mehr dachte sie an ihr Geheimnis, das sie niemandem verraten hatte und vielleicht auch niemandem jemals verraten würde, und dieses Geheimnis begann mit den Worten „Es wird einmal".

Und während Emma sanft und leise schaukelnd dahinflog und bald die Federn der Wolken sehen konnte, deren Flaum im Wind spielte, und bald den weichen Flaum mit ihren Händen berühren konnte und dann in die Wolken, die hoch über dem Land dahinzogen, eintauchte, tauchten auch ihre Gedanken in ein sanftes Blau und lösten sich von ihr, wie Kraniche, die in die Lüfte steigen und dann am Horizont dem Auge entschwinden, und sie schlief ein und dann wusste sie nichts mehr.

Sie wusste nicht, wie lange sie geschlafen hatte, als sie wieder aufwachte. Aber sie war erstaunt, ja, sogar ein bisschen erschreckt, als sie sich nicht in ihrem Bett mit dem vertrauten Kissengeruch und den Flecken an der Tapete und dem Bild von dem Eichhörnchen mit dem gelben Schal und rosaroten T-Shirt wiederfand, das über ihrem Bett hing.

Und als sie ihre linke Hand und ihren linken Arm nach links streckte, stieß sie auch nicht gegen ihre Nachttischlampe mit den Mustern von Sonnenblumen, sondern alles, was sie in der leicht geöffneten Hand spürte, war eine leichte Brise, die wie ein sanftes Fell über ihre Haut strich und den Duft von Lavendel in ihre Nase tänzeln ließ.

„Ja, wo bin ich denn?", fragte sie sich. „Was ist denn passiert? Ich dachte doch, ich war mit meinen Schulsachen auf dem ungemachten Bett eingeschlafen und das ist alles, woran ich mich erinnern kann. Und ich dachte, ich habe noch das Geräusch von Tante Asphalie gehört, wie sie noch immer die Fliesen verlegt und immer noch eine dazu, weil sie unbedingt fertig werden wollte. Aber es ist so ganz anders. Wo bin ich denn hingeraten?"

8

Als Emma langsam die Lider öffnete und Licht in ihre Augen floss, da sah sie zunächst nur das Blau des Himmels. Aber es war ein viel schöneres, ein viel eleganteres und viel lebendigeres Blau als das Blau über ihrer Stadt, das immer ein bisschen bedrückt wirkte und immer einen Glanz von Grau oder Schiefer hatte, wie alter Lack, dessen Glanz unwiederbringlich verloren gegangen war.

Erstaunt war Emma und verwirrt. Ja, so wie es Emma einmal ergangen war, als sie mit ihren Eltern nachts noch lange unterwegs gewesen war, um sehr weit weg von zu Hause einen entfernten Verwandten zu besuchen, weil es eben zum guten Ton gehört, Verwandte zu besuchen und mit ihnen rote Kuchen mit weißer Sahne zu essen – ja, weil sie auf der Fahrt nachts im Auto eingeschlafen war und sich dann an nichts anderes mehr erinnerte, als daran, dass sie am nächsten Morgen in einem fremden Haus und in einem fremden Bett mit schwarzem Stahlgitter aufgewacht war und beinahe erschreckt war, weil sie dachte, dass ihre Eltern sie vielleicht irgendwo vergessen oder sogar verkauft hatten. Denn es gab ja tatsächlich Eltern, die ihre Kinder verkauften, weil sie sie nicht mochten.

Und dann war Emma ganz erschreckt gewesen und wollte schon vor lauter Angst um Hilfe schreien oder nach der Polizei oder der Feuerwehr rufen, bis sie plötzlich eine Stimme hörte. Und das war die Stimme ihrer Mutter, die wohl gerade vom Bäcker zurückgekommen war und zu dem Verwandten sagte: „Habt ihr in der Stadt aber einen guten Bäcker! Die Brezeln sind hier ja viel knuspriger als bei uns."

Und dann hatte sie nur noch die Stimme eines Mannes gehört und das war wohl der Verwandte, der sagte: „Ja, es stimmt, die Brezeln hier sind wirklich gut. Es ist gut, dass es überhaupt noch frisch gebackene Brezeln gibt." Und da wusste Emma, dass sie nicht vergessen oder verkauft worden war. Vielleicht war sie nur ein bisschen vergessen worden.

Aber auch nicht mehr als sonst und vielleicht war es jetzt am besten, bald aufzustehen. Und als sie dann aus dem Bett herausrutschte, denn es war höher als ihr Bett zu Hause, war sie froh, dass sie in der Nacht nicht aus dem Bett gefallen war, und da entdeckte sie unter dem Bett noch ein paar alte Pantoffeln und einen Nachttopf mit einem Deckel drauf. „Das ist wohl so ein Nachttopf wie aus einem Märchen, die mit 'Es war einmal' anfangen", dachte sie sich und meinte, dass es wohl schon ein alter Nachttopf war, auf dem schon viele Leute über viele Jahre gesessen hatten, weil es eben viel bequemer ist, als nachts aufzustehen und durch das Haus zu schlurfen.

Aber jetzt war sie nicht so beunruhigt wie damals. Ja, das Blau, das ihr so funkelnd in die Augen strömte, war schon fremd und überhaupt war sie wohl an einem ganz anderen Ort als sonst, und es war wohl auch niemand in der Nähe und doch fühlte sie sich nicht so allein gelassen wie damals, als sie bei dem Verwandten aufgewacht war. Vielleicht schwebte ein Schutzengel hinter ihr. Nicht einer von den bequemen, die lieber tanzen gehen als auf die kleinen Kinder aufzupassen, dass ihnen nichts passiert, sondern ein richtiger, der nicht von der Stelle geht und der sofort mit seinem elektrischen Heiligenschein Warnzeichen blinkt, wenn ein böser Wolf oder einer von diesen großen Lastern kommt. Es dauerte nicht lange, da fühlte sie sich beinahe ein bisschen vertraut, wo sie gerade war, obwohl sie noch gar nicht wusste, wo sie war. Und wie sollte sie es auch wissen? Denn es hatte ihr ja noch niemand gesagt, wo sie war.

9

Aber wieder war es so, als spürte sie eine Stimme hinter sich, die ihr zuflüsterte, dass schon alles gut sei, wie es sei. Bisher hatte sie gehört, dass es Engelszungen gäbe. Aber jetzt hatte sie beinahe das Gefühl, als hörte sie die Klänge einer Engelszunge hinter sich, die in so beruhigenden Tönen zu ihr herangeweht kamen, dass sie gleich wieder hätte einschlafen können, obwohl sie einfach so in der Luft schwebend lag und nur von dem Flaum der Wolken zugedeckt. Und schon drehte sie ihren Körper und ihren Kopf zur Seite, um sich richtig bequem zum Weiterschlafen hinzulegen und schon wollte sie die Augen wieder schließen, um sanft in den Armen des Schlafs dahingetragen zu werden, als ihr Blick auf eine kräftige, grüne Landschaft fiel, und hier sah sie milde, geschwungene Hügel, silbern schimmernde Teiche und die roten Farbtupfer von Mohnblumen, viel mehr und kräftiger leuchtend als die wenigen, die noch am Rand der Stadt überlebt hatten.

Eigentlich war das, was sie sah, nichts Besonderes. Aber es fühlte sich sehr schön an und war von einer großen, zauberhaften Stille erfüllt. Sie sah keine Linien von Straßen, sie sah keine schreienden Menschenmengen. Sie hörte keine Blaulichter, die über die Straßen gerast wären. Es gab auch keine Flugzeuge, die mit Gedröhne in die Luft abhoben, so schwer, dass man nie wusste, ob sie es tatsächlich schafften, abzuheben. Es war alles so ungewöhnlich still und sie sah auch keine Häuser und es schien tatsächlich eine menschenleere, zauberhafte Gegend zu sein, vielleicht irgendwo auf der Erde, wo noch nie ein Mensch vorgedrungen war und noch nie ein Traktor oder eine Planierraupe gewesen waren und noch nie Ingenieure mit ihren gelben Schutzhelmen gestanden hatten, um wieder eine neue Schnellstraße zu bauen.

Wie merkwürdig dachte sie sich und spürte beinahe eine kleine innere Aufregung. Aber sie war nicht unruhig und den leichten Schrecken, der wie ein Falter der Erinnerung an den Besuch bei dem Verwandten in ihr aufgeflogen war, hatte sie schon vergessen und so ergriffen war sie von dieser Stille, in der sie beinahe hören konnte, wie die Fische in den Teichen an die Oberfläche glitten und mit einem leichten Schnalzen nach Luft schnappten – ja, so ergriffen war sie von dieser Stille, dass sie schon fast vergaß, dass alles fremd war und dass sie noch nie so aufgewacht war und dass sie gar nicht wissen würde, was jetzt alles passieren würde, und dass sich wohl auch der Roland wundern würde, wenn er hier wäre.

Ja, so verwundert war sie von alldem, dass sie auch die Schule vergaß und ihre Mutter, die sich jetzt vielleicht anfangen würde zu fragen, wo sie, die Emma, geblieben sei, und so verwundert war sie, dass sie auch ihren Vater schon fast vergessen hatte, der auf die Frage, wo die Emma wohl geblieben sei, wohl nur geantwortet hätte: „Bitte, liebe Giesberta" – so hieß nämlich Emmas Mutter – „störe mich nicht beim Flügelspielen. Es beflügelt mich sehr. Du weißt doch, ich brauche diese Entspannung. Sonst kriege ich noch einen Herzanfall."

Es war so angenehm und so merkwürdig, ja, beinahe verwunschen, wie man manchmal in alten Geschichten erzählt, und Emma wollte sich gar keinen Kopf mehr darüber zerbrechen, ob sie nun weiter schlafen wollte oder aufstehen sollte. Denn in ihrem federweißen Liege-Wolkenbett, das noch hundertmal schöner war als all die Kissen und Gänsefederbetten von Frau Holle, ja, da war es so schön und verführerisch und so bequem und so unendlich faulenzerisch, so unheimlich wohlig, dass sie schon wieder die Augen zumachen wollte.

10

Aber da, im letzten Moment, ja, wirklich im allerletzten Augenblick, bevor sich vor Emmas Augen der Vorhang der Lider schloss, da streifte ihr Blick noch einmal über die so freundlich sich ausbreitende, anmutige Landschaft und da sah sie über einer der in so kräftigem Grün glänzenden Kuppen einen zarten, silbern schimmernden Hauch und als sie noch ein bisschen näher hinsah, entdeckte sie, dass es ein Rauch war.

Aber es war wohl kein gewöhnlicher Rauch, sondern ein edler Rauch und vielleicht von seltenen und parfümierten Hölzern, die verbrannt wurden, und vielleicht waren die Bäume, die dort unten in der Landschaft standen, von ebenso edler Natur und Jahrtausende alt und hatten Jahresringe, die man nur zählen konnte, wenn man bis mindestens tausend zählen konnte, und dann, als sie noch genauer hinsah, und mit ihren Augen den Silberrauch weiter nach unten verfolgte, da sah Emma ein lang gezogenes Etwas mit einer platten Oberkante und da wusste sie, dass das Etwas, das hinter dem Grün der Bäume verborgen war, ein Schornstein sein musste und dann entdeckte sie auch noch hinter dem Grün der Bäume einen feinen, rosafarbenen Schimmer und da wusste sie ganz schnell, dass das ein Dach sein musste. Und weil es eben keine frei schwebenden Dächer gibt, so musste es wohl unter dem Dach auch Balken geben und ein ganzes im Wald verstecktes Haus mit einer Tür und Fenstern und, wenn es den Silberrauch gab, dann musste dort wohl ein Mensch leben. „Denn", dachte sich Emma, „ich glaube nicht, dass dort ein Reh oder ein Wildschweinchen seine Mahlzeit brät. Das Wildschwein oder das Reh würden ja auch nie ihr eigenes Fleisch braten."

„Merkwürdig", dachte sich Emma, „zuerst habe ich gedacht, dass es in dieser Landschaft kein einziges Haus und keinen einzigen Menschen gibt außer mir, der darüber fliegt, und jetzt sehe ich auf einmal die Silberspur eines Rauchs und es ist alles so zauberhaft und verwunschen."

11

Aber da schlief Emma noch einmal ein. Denn die letzte Zeit in der Schule war anstrengend gewesen. Es waren Prüfungen gewesen und sie hatte viele Vokabeln in ihren Kopf zwängen müssen und sie hatte oft vor Aufregung nachts nicht genug schlafen können und auch dem Roland war es so gegangen und so schlief sie einfach noch einmal ein.

Aber der Wind trug sie auf seinen Segeln weiter voran, so leise und sanftmütig, dass sie es gar nicht merkte, und so kam es, dass sie leise weiterreiste, als sie schlief und von einem Haus träumte, mitten in einem moosgrünen Wald und ohne einen Weg, der zu dem Haus führte und ohne Postkasten und ohne Milchmann und ohne elektrische Leitungen oder

Telefonmasten. Und in dem Haus, so träumte sie, wohnte ein Mensch. Aber es war noch nie ein Besucher zu dem Haus gekommen. Und es war ganz still, als sie der Wind im Traum langsam und so behutsam näher an das Haus herantreiben ließ, bis sie schon fast über dem Haus schwebte und riechen konnte, dass der silberne Rauch nach Elfenparfüm roch und nicht nur nach edlen Hölzern, und dann, und immer noch träumte sie, hörte sie ein Rascheln hinter ihrem Kopf und, als sie sich im Traum umdrehte, da sah sie, wie der Erzengel, und es war nicht der Erzengel Gabriel, sondern die Erzengelin Rocky-Baby, wie diese Erzengelin mit der punkigen Pomade im Haar aus ihrem wallenden Gewand eine kleine Taschenleiter herauszog und sie aufknipste und daran zog und sie zu ihrer vollen Länge entfaltete und dann aufblies, bis die Leiter mit einem leichten Zittern auf dem Waldboden aufstieß, direkt neben einem Strauch wilder, aber nicht kratziger Himbeeren.

Da lächelte die Erzengelin Rocky-Baby Emma an und sagte ihr: „Hallo, Emma", und sagte ihr mit einem amerikanischen Akzent, „Baby, das ist das Leiter. For you", und damit meinte sie: „für dich", und grinste dabei und kaute weiter an ihrem Kaugummi und Emma erschrak gar nicht, dann sie hatte ja in der Stadt schon Amerikaner und Amerikanerinnen gesehen und nicht nur diese Amerikaner, die es hinter der Glasscheibe im Bäckerladen gab.

Und da fuhr die Erzengelin fort: „Emma, isch bin dein Englisch-Amerikanisch-Engel. Isch will sagen Erzengel. Isch passen gut auf disch auf. Isch kommen von Amerika, weil es gibt in Deutschland zu wenig Erzengel. Erzengel Gabriel krank ist. Erzengelin Goralde auf Urlaub ist und Erzengel Florine ist im Ruhestand. Sie mich holen aus Amerika. Isch fliegen weit und ganz, ganz schnell. Du, Emma verstehen? Isch fliegen schnell, damit kommen ganz schnell, damit dir nichts passieren. Du verstehen, Baby, OK?"

Und Emma verstand alles prima und war auch ein bisschen stolz, dass sie so viel Englisch verstand und sie verstand auch prima, als ihr Erzengelin Rocky-Baby, mit dem Kurznamen Roby, die Hand, das heißt, den Erzengelinarm, ausstreckte, ihr einen Kaugummi made in USA anbot und ihr dann behilflich war, aus ihrem Luftkissen-Wolkenbett langsam und vorsichtig die Leiter herunterzusteigen. Und dann, als sie gerade mit ihren Fußspitzen den Waldboden berührt hatte, sah Emma noch einmal nach oben. Erzengelin Roby winkte ihr ganz lieb zu und sagte mit herzhaftem Gesicht: „Emma, you sein OK. Keine Angst. Du nur müssen pfeifen", und damit pfiff sie, damit auch Emma genau verstand, was sie, die Erzengelin Roby, meinte. „Und dann isch kommen, mit, mit ganz schnell, hoch Wind." Und damit wollte die Erzengelin vielleicht das schwierige deutsche Wort 'Hochgeschwindigkeit' sagen. Aber es klappte halt noch nicht so recht, weil Erzengelin Roby ja gerade aus den USA eingeflogen war und noch nicht viel Deutsch gelernt hatte. Aber es machte auch nichts. Denn Emma verstand alles und war ganz beruhigt.

Und dann, als Erzengelin Roby schon wieder die Taschenleiter entlüftet, zusammengefaltet und in ihrem wallenden Gewand eingesteckt hatte, da winkte sie Emma noch einmal kräftig zu und rief: „Baby, you", und damit meinte sie wieder das deutsche Wort 'du', „sein OK. Ich bin Roby. Du brauchst nicht sagen Erzengelin zu mir oder Frau Erzengelin. Für du, ich bin Roby." Und Emma war gerührt, denn nicht alle großen Leute boten ihr so schnell das Du an, und dann winkte Roby ihr nochmals mit einem gutgelaunten Grinsen nach und dann hörte Emma nur noch das Rauschen des Wallens von Robys Gewand, bis sie entschwand.

Und nun wachte Emma auf und kaum hatte sie ihre Lider geöffnet, sah sie, dass sie genau an der Stelle und vor dem Haus stand, von dem sie geträumt hatte. Es war nicht zu glauben. Aber jetzt und, das wusste sie, träumte sie nicht mehr.

Genauso wie sie gestern nicht geträumt hatte, als sie Roland nachwinkte, wie die Straßenbahn wendete und dann als ein immer kleiner werdender, gelber Fleck in Richtung Stadtmitte verschwand. So genau wusste sie, dass sie jetzt nicht mehr träumte.

12

Aber es war alles still und Emma stand in einem Duft von Himbeersträuchern und wilden Rosen und goldene Falter umtanzten sie und vor ihr war das rosafarbene Dach des Hauses, das sie jetzt ganz klar sehen konnte, und aus dem Dach stieg der Schornstein in die Luft hoch, der mit bunten Herzen bemalt war und an dem ein halb geöffneter Regenschirm baumelte und aus dem der Silberrauch aufstieg, den sie schon von weitem als Erstes erkannt hatte, und dann sah sie auch den Körper des Hauses mit kräftigen Balken, einer Tür, über der ein Bild von einer Waldschnepfe hing und an der ein kupfernes, froschförmiges Schloss befestigt war. Und auch drei Fenster gab es und alle leuchteten mit ihren dunkelroten Glasscheiben wie Rosen im Licht.

Und so stand Emma nun vor diesem Haus, das so still und verwunschen vor ihr stand, und dann fasste sie sich ein Herz und ging auf das Haus zu. „Das Haus wirkt so warm und kuschelig", sagte sich Emma, „dass mir eigentlich nichts passieren kann. Und auf jeden Fall brauche ich nur zu pfeifen, wenn ich Angst habe. Dann kommt Erzengelin Roby, ich meine Roby, mit einer Riesengeschwindigkeit angeflogen und wird mich retten."

Nur einige Schritte ging Emma nach vorn und ehe sie sich versehen hatte, stand sie schon direkt vor der Tür.

„Und was mache ich jetzt?", dachte sie sich.

13

Aber bevor Emma diesen Gedanken zu Ende denken konnte, ging schon die Tür auf, ganz von allein und ohne dass Emma geklopft hätte, was sie vielleicht gern gemacht hätte, denn sie hatte noch nie einen Türklopfer gesehen, der wie ein Frosch aussah. „Vielleicht quakt er oder schnappt mit seinem Mund, als ob ich eine Fliege wäre", hatte sie sich wohl noch gedacht, aber da war die Tür eben schon aufgegangen, ja, wie von allein, ein bisschen magisch, wie es selbst in den Märchen geschieht, die mit dem Satz anfangen „Es war einmal".

Und kaum hatte sich die Tür einen Spalt geöffnet, wurde es Emma doch leicht bange im Herzen. „Huch, was passiert denn nun?", wäre es ihr beinahe über die Lippen gekommen.

Aber weil sie zu gut erzogen war und „Huch" kein besonders gewähltes Wort war – denn was bedeutet denn schon „Huch"? – da ließ sie dieses Wort nicht über die Lippen kommen, sondern schluckte es schnell wieder herunter, wie der Junge, von dem sie einmal in einem Heftchen gelesen hatte, der Kaulquappen verschluckte.

„Aber was kommt denn jetzt?", dachte sie sich trotzdem. Denn die Tür hatte sich ganz von allein und ohne den geringsten Laut aufgetan. Es konnte, und das hatte sich Emma blitzschnell ausgedacht, ja keine elektrische oder magnetische oder batteriegetriebene Tür sein.

Denn hier im Wald gab es ja keine elektrischen Strommasten, die mit ihrem Summen im Ohr kribbeln, und sie hatte auch keine weggeworfenen Batterieschachteln gefunden: Varta, Stromplus, Stromdoppelplus oder Elektrosupermann, wie diese Marken alle heißen und die so viel Kraft erzeugen, dass sogar der kleine Elektrokarren des Milchmanns damit geräuschlos um die Ecke fahren kann. Ja, das war schon mehr als merkwürdig und beinahe ein bisschen unheimlich und ihre Haut überlegte sich, ob sie nicht doch ein bisschen gänsehäutig werden sollte – wie bei der schönen Geschichte von dem Jungen – na, wie hieß er nochmal? – und den Wildgänsen.

14

„Ja, und wenn jetzt doch eine Hexe in der Tür steht?", meldete sich ein gruseliger Gedanke in Emmas Kopf. „Eine Hexe, die mich hereinlegen will und die ihr Häuschen so einladend und herzlich hergerichtet hat, dass kleine Kinder darauf hereinfallen und es erst merken, wenn die Falle zugeschnappt hat? Vielleicht ist es eine Hexe, die tagsüber an der Schreibmaschine sitzt und herzliche Brieflein schreibt, so ganz romantisch und voller Lebkuchengeschmack und dann am Abend heimlich ihre Ohrenschützer und die windpfiffige Nasenmaske aufsetzt und dann die neuesten Hit-Kassetten in ihren roten Walkmann einlegt, ihren patentierten und mit Antilopenöl geschmierten Besen aus der Kammer holt und dann mit 5ooo Volt durch den

Schornstein und durch das Ozonloch bis dorthin zischt, wo die Satelliten kreisen. Und, weil sie ja Energie sparen will, hängt sie sich dann einfach an einen der Satelliten dran, zieht ein paar genüssliche Runden und stört dann die Fernsehprogramme."

„Ja", dachte sich Emma, „das sind wahrscheinlich gar nicht die wackelige Antenne vom Fernseher oder die Sonnenflecken. Das ist wohl die Hexe, die mit ihren Funkensprühhänden immer die Programme durcheinander bringt. Oder vielleicht steht jetzt doch ein Fabeltier vor mir mit dolchig scharfen Schneidezähnen und ekligem Speichel, der aus dem Mund, ja, dem Maul, tropft und tropft, bis es ganz nasse Füße bekommt, und das mich so richtig gierig ansieht, weil es nach all dem gesunden Gemüse plötzlich wieder Appetit auf echtes Menschenfleisch bekommt. Denn immer nur von Holzwürmern zu leben, das verkraftet das Fabeltier vielleicht gar nicht. Oder, oder vielleicht steht plötzlich ein bissiger Waldi vor mir, der so klein und unschuldig aussieht und der ganz scharfe Zähne hat, weil er immer am Sofa kaut und der nichts anderes will, als mir in die Waden zu beißen und dabei hat doch Frau Dagobert-Drillich-Rusnö gesagt, ich hätte nur Grashüpfer-Beine und, wenn er mich ins Bein beißt, dann tut es weh. Aber dann muss ich auch wieder eine von diesen schrecklichen Schutzimpfungen haben und das tut noch mehr weh."

Und da wurde es Emma schon arg jämmerlich ums Herz und beinahe wollte sie schon weinen. Aber sie hatte ja jetzt kein Taschentuch. „Oder vielleicht ist wirklich niemand da", dachte Emma, „und die Tür ist von ganz allein aufgegangen und vielleicht ist einfach jetzt niemand im Haus und vielleicht hat jemand einfach vergessen, das Feuer im Ofen auszublasen und vielleicht fängt bald das ganze Haus an zu brennen. Oder man denkt, wenn der Besitzer oder die Besitzerin dann später zurückkommt, ich sei eingebrochen und dann wird man mich anzeigen und auf die Polizeiwache bringen. Ach, ich hoffe nur, dass Erzengelin Rocky-Baby – ach, ich sollte ja einfach nur Roby sagen – doch ihr Versprechen hält. Und wenn jetzt plötzlich eine Giftschlange hervorzischelt? Oder ein Adler gewaltig mit den Flügeln raschelt, weil er endlich wieder ins Freie will. Oder wenn jetzt plötzlich ein böser Mann in der Tür steht, der mich ganz heftig am Arm packt und mich in das Häuschen hineinzieht und dann von innen die Tür abschließt und noch einmal und noch einmal das Türschloss umdreht und dann den schweren Riegel zuschiebt, mit beiden Händen, denn jetzt kann er mich ja loslassen, weil ich ja nicht mehr entlaufen kann und ich kann mich auch gar nicht in dem Haus verstecken und dann kann vielleicht auch Roby mich nicht mehr retten. Denn sie wird mich nicht hören, wenn der böse Mann mir mit seiner Riesenhand den Mund zudrückt und ich kaum noch Luft kriege und gerade nur noch Luft durch die Nase bekomme und Roby wird auch nicht mehr an mich denken. Denn sie wird ja so beschäftigt sein, weil sie für so viele andere Kinder einspringen muss, und vielleicht muss sie zwischendurch wieder einmal in die USA fliegen und da hat sie mich dann schon ganz vergessen und dann bin ich ganz allein und niemand weiß, wo ich bin, und dann kriege ich kaum noch Luft und mein Herz schlägt so wild und ich habe Angst und alles tut so weh und ich strampele, damit ich loskomme und Luft bekomme, denn ich will atmen und der Mann hält mir die Luft zu und dann dreht sich alles und ich wehre mich noch und ich strampele und dann ... dann habe ich keine Kraft mehr und dann ... dann wird alles dunkel und dreht sich im Kreis und dann wird alles schwarz, ja, ganz schwarz ..."

15

Und Emma zitterte und stand so zitternd vor der Tür und so voller Angst und ihr Herz schlug bis in die Stirn, so war ihr Herz aufgeregt, und sie konnte sich keinen Zentimeter von der Stelle rühren und da hatte sich schon die Tür ein bisschen weiter geöffnet und dann noch ein bisschen und ganz langsam und ganz sacht und dann strömte ein ganz zarter Erdbeerduft durch den geöffneten Türspalt, ja, es war ein Duft von ganz rosigen Erdbeeren und gesprenkelt mit einigen Tropfen Gladiolenhonig und ein warmes Licht schwebte durch den Türspalt und immer noch war es so still und es war kein Köterkläffen zu hören, kein Panthergeknurre, kein Schlangenzischeln, kein Brutzeln von Feuer, kein Trampeln von Elephanten, kein Rasseln von tanzenden Skeletten, kein Kreischen von umhertollenden Orang Utans und kein Adler, der wie ein Besessener an den Gardinen zupfte.

Nein, es war weiterhin so still, aber so angenehm still und diese Stille badete in dem duftigen Parfüm, das durch den Türspalt auf Emma zuströmte, dass es langsam Emmas Herz beruhigte und besänftigte, wie das Liedchen, das sie schon vor einigen Tagen beruhigt hatte. Und es klang wie blauäugige Glocken, die im Windhauch sangen, auswendig und ohne eine Zeile abzulesen, und es klang wie Königskerzen, die im Atem des Windes noch heller und gelber leuchteten als in dem Pflanzenatlas, und es klang wie große Zitronenfalter, die gerade jubilierten, weil sie besonders süße Blüten entdeckt hatten.

Komm Emma, komm herein,
du sollst mir so willkommen sein.
Ich weiß, du bist voll Angst und Bange,

doch die, die fliegt vorbei und hält nicht lange.

Ich weiß, du kommst von einer langen Reise,

windgetragen, wolkenleicht und traumhaft leise.

Rocky-Baby hat's mir schon gemeldet

per Taubenpost und ungegeldet.

Komm, Emma, komm herein.

Du sollst hier sehr willkommen sein.

Es gibt kein schöner Haus in diesem Land

als diese Herzenshütt' am Weltenrand.

Komm Emma, komm herein.

Du sollst hier stets willkommen sein.

Ich freu mich, dich zu sehn.

Du bist so goldig und so putzig schön.

Ich bin die Rosamunde Elfenohr und bin so glücklich,

dich zu sehn.

16

Ach, wie wohl wurde da auf einmal Emma ums Herz! Wie erlöst fühlte sie sich. Als fielen tausend Ketten, tausend Gewichte von ihr. Als würden schwarze, schwere Wolken von einer ganz, ganz starken Hand über den Horizont weggeschoben, sodass sie ins Meer kippten. Als klappten alle diese Angstgespenster in sich zusammen, mit einem jämmerlichen Schrei und dann blieb von ihnen nur noch feiner Staub übrig, den man mit dem Handbesen zusammenkehren konnte.

Ach, welche Erlösung war das, was Emma erlebte, seitdem sie die Wärme und das Licht spürte und ihr das Lied entgegen geklungen war. So ein schöner Willkommengruß. So unglaublich schön! Ach, es war wirklich unglaublich schön, und wenn sie nicht so bescheiden gewesen wäre, dann hätte sie sich gewiss wie ein Pfau oder besser gesagt eine Pfauin mit aufgefächerter Federpracht gefühlt.

Aber so stand sie einfach vor der Tür, so ganz wie in einer Muschel von Staunen und ganz wie in Antilopenduft und Elfenparfüm gebadet und dachte sich nur, „Wann bin ich jemals so willkommen geheißen worden? Wann?"

Ihre Mutter hatte sie, wenn sie nach Hause kam, immer gleich gefragt, ob sie nicht getrödelt habe, und ihr Vater, der war ja sowieso nie zu Hause, wenn sie an der Tür stand und klingelte und wenn er zu Hause war, dann öffnete er nie die Tür, weil er am Flügel saß, um sich zu entspannen und dann rief er nur: „Giesberta, sei doch so gut und mach die Tür auf. Du hast doch gehört, dass es gerade geklingelt hat. Du weißt doch, ich muss mich entspannen, sonst kriege ich einen Herzanfall."

Ja, und die Tante Asphalie, die hatte Emma in den letzten Tagen schon die Tür aufgemacht, aber sie, Emma, dann erwartungsvoll angesehen, als sei sie, Emma, der Fliesenlieferant. Aber weil Emma eben nur ein kleines Schulmädchen war und nicht der Fliesenlieferant, der Tante Asphalie Nachschub brachte, merkte Emma wie enttäuscht Tante Asphalie war, als sie sah, dass Emma in ihrem Ranzen nur Schulbücher heranschleppte und keine niedlichen, blaugetönten Fliesen. Ja, und wer hatte ihr sonst in ihrem Leben die Tür aufgemacht? Ach, ja und da wurde sie ein bisschen traurig, so wie die traurigen Töne eines Singvogels, die der Sommerwind aus weiter Ferne heranweht.

17

Ja, und dass die Tür noch dazu von allein aufging, ohne dass Emma hatte anklopfen müssen und ohne dass sie hatte um Einlass bitten müssen. Emma war so erstaunt. Und dann noch so ein wunderschönes Liedchen, so ganz für Emma gesungen, als sei sie der wichtigste Mensch auf der Welt. Ach, das war doch gar nicht zu fassen.

So wie wenn sie eines Morgens aufgewacht wäre, und würde aus dem Fenster schauen und nach unten auf die Straße schauen und da würde ein Clown mit einer großen roten Nase und orangefarbenen Haaren und froschgrünen Händen zu ihr, der kleinen Emma hochwinken und ihr zuträllern: „Guten Morgen, liebe Emma, reibe dir ein bisschen die Augen. Du wirst sehen, dass du nicht träumst.

Wir sind der Zirkus und wir haben alles extra für dich, Emma, aufgebaut, das große Zelt und sind mit den weißen Pferden und den roten Satteln gekommen, die so ganz verwegen durch die Manege rasen, und sind mit den Akrobaten gekommen, die halsbrecherisch durch die Luft wirbeln, und mit der großen Drehorgel, die so schön klimpert und sich dreht und klimpert, dass du die Mathematikarbeit vergessen kannst. Ja, da staunst du, Emma, das haben wir alles für dich gemacht. Hättest du das jemals gedacht?" Nein, natürlich hätte Emma sich das niemals ausdenken können.

18

Und da war die Tür schon aufgegangen. Wie ein großes Portal an dem als Wächter Engel standen, hatte sie sich vor Emmas Augen geöffnet und vor ihr stand die Gestalt einer Frau, die sie mit einem so großen und sanften Lächeln ansah und mit einem solch strahlenden Blau in den Augen, dass Emma ganz in diesem Lächeln und in diesem Blau schwebte, und wenn sie später einmal einen Aufsatz über diese Gestalt, die nun vor ihr stand, hätte schreiben sollen, so hätte sie gerade noch gesagt, dass es sich um eine ältere Dame handelte, aber ihre Gesichtszüge außer dem Lächeln und dem unvergessenen Blau der Augen, das hätte sie im ersten Augenblick gar nicht in sich aufnehmen und beschreiben können, so überwältigt war sie von dem Lächeln und dem Blau.

Auch das rosafarbene Kleid der Dame, an dem kleine silberne Sterne funkelten, und den Gürtel, der ganz engmaschig aus hellen Waldgräsern geflochten war, und in den winzige Forsythienblüten eingestickt waren und hier und da auch eine blaue Lilie – das alles hatte Emma im ersten Augenblick gar nicht bemerkt und hätte es daher auch nicht beschreiben können und auch die Haarspange aus Griesmuschelscheibchen und die Halskette, in der sich echte, rotorangene Korallen und getrocknete Waldrosen abwechselten, hatte sie im ersten Moment nicht wahrgenommen und auch nicht den schönen Armring, der so glänzte, als sei er mit der Hautcreme einer Elfe poliert worden. Ja, all dies hätte Emma gar nicht im ersten Moment beschreiben können und das Einzige, was sie in einem Aufsatz hätte niederschreiben können, wäre der Anfangssatz gewesen: „Und da stand ich vor der Tür und, als sie sich dann wie eine große Himmelpforte geöffnet hatte, da war alles wie in Rosen und Licht", aber mehr hätte sie wohl gar nicht zu der Beschreibung dieser Dame sagen können.

19

„Grüß dich", sagte die Dame mit einer ganz freundlichen Stimme, „ich bin die Rosemunde Elfenohr und ich freue mich, dass du gekommen bist." Und es klang ehrlich und, wie die Dame das „Grüß dich" sagte, klang es sehr vertraut, so als kenne die Dame Emma schon lange und auch umgekehrt und es war ein bisschen so wie bei Erzengelin Rocky-Baby, nur halt ohne den Akzent. Und wie die Dame das „Grüß dich" sagte, da beugte sie sich leicht mit dem Oberkörper zu Emma und blieb nicht steif stehen, wie es die meisten Erwachsenen machen, sodass die Kinder auch richtig merken, wie klein sie noch sind. Nein, wie sich die Dame so leicht und duftend zu Emma beugte und mit ihrer hellen Stirne und den wunderschönen Augen näher an Emma herankam, da flog auch das letzte Zittern wie ein aufgescheuchtes Rebhuhn aus Emmas Seele heraus und sie wusste, dass ihr jetzt gewiss nichts mehr zustoßen würde und sie nicht nach Roby würde pfeifen müssen. Selbst wenn Roby jetzt in den USA war, würde Emma sich sicher fühlen, und da streckte die Dame ihr schon die Hand zum Willkommen aus und Emma sah noch deutlicher, wie perfekt der Armring war. Ja, beinahe hätte Emma ihre Nase darin sich spiegeln sehen und beinahe hätte sie dann gemerkt, dass sie eigentlich noch ungekämmt war, denn auf der Wolkenreise war ihr manchmal der Wind durch die Haare gefahren. Und es war so schön, wie die Dame ihr die Hand entgegenstreckte und es war ganz und gar nicht so, wie sie es schon manchmal bei anderen Erwachsenen erlebt hatte, die sie einfach wie ein Paket aufgegriffen hatten und dann mit ihren kalten Händen in der Luft gehalten hatten und mit ihr durch die Wohnung gelaufen waren, als würden sie Klappstühle herumtragen. Es war wirklich nicht immer erträglich gewesen, und wenn die Erwachsenen dann noch anfingen, mit ihren ungeputzten Nasen an Emmas Ärmchen zu reiben und, ohne zu fragen, dann alle möglichen Schnalzlaute von sich gaben, wo Emma gerade müde war und in Ruhe gelassen werden wollte.

Aber die Dame riss sie gar nicht an sich, wie manche Hundeliebhaber ihre Pudellieblinge an sich reißen und dann wie Mohrenköpfe abschlecken. Nein, sie war ganz sacht und vorsichtig und sie wäre bestimmt nicht ungehalten geworden oder hätte einfach die Tür vor Emmas Kopf zugeknallt, wenn Emma gesagt hätte: „Ich will heute aber kein Händchen geben. Ich will einfach in Ruhe gelassen werden. Ich bin doch kein Schlecke-Baby."

20

Aber solche Gedanken kamen Emma gar nicht und sie fühlte sich so wohl, als die Hand von der Dame gar nicht weit von ihrer, das heißt Emmas Hand, in der Luft stand, und dann streckte Emma auch ihre Hand aus, so wie ihre Hand sich ganz sachte in die Höhe gehoben hatte, so ganz von allein, als sie dem Roland nachwinkte, als er in der Straßenbahn saß und sich die Straßenbahn immer weiter von ihren Augen entfernte. Und dann spürte Emma schon diese sanfte Hand der Dame und Emmas Hand fühlte sich so wohl in der viel größeren Hand der Dame, wie ein Löwenbaby sich in dem Schoß der Löwenmutter wohlfühlt, ganz weit in der warmen Savanne, unter einem Affenbrotbaum und weit weg von den Jägern mit ihren schlimmen Jagdgewehren, und Emmas Hand fühlte sich so wohl und es war so warm, wie wenn Rosenwolken von ihrer Hand in ihr Herz schwebten und es mit ihrem Duft erfüllten, wie Segel in einer blauen Bucht das Auge erfreuen, und sie wollte ihre Hand gar nicht mehr zurückziehen und sie hätte ihre Hand immer in der wärmenden Sanftmut der Hand dieser Dame lassen können, denn sie wusste, es würde ihrer Hand in der Hand der Dame immer gut gehen. Sie würde nie frieren. Sie würde nie zittern müssen. Die Hand der Dame würde wie ein Schwamm alle Angst aufsaugen und sie immer beruhigen, dass der Balsam bis an ihr Herz tröpfelte, und sie wusste, dass sie gar nicht wusste, warum es so war.

Aber es war einfach so und vielleicht würde es ihr niemand glauben, wenn sie später einmal davon erzählen würde und vielleicht vor Rührung Schwierigkeiten haben würde, die Worte zu beschreiben, wie es war, als sie, die Emma, der großen Hand der Dame mit ihrer eigenen, kleinen Hand in der Luft begegnete, so wie zwei wiegende Seerosen im Teich aufeinander zu schwimmen oder wie zwei Eichhörnchen von zwei Tannenspitzen direkt aufeinander zu hüpfen und dann von der Leichtigkeit ihres Fells getragen in der Luft tanzen, vor lauter Freude, dass sie einander gefunden haben. Und so war es mit diesen beiden Händen, die sich, noch auf der Türschwelle, so unvermutet gefunden hatten, schwebend in der Luft, und die sich im warmen Schein ihrer Berührung gefunden hatten, ohne ein Wort zu sagen. Denn Hände konnten ja nicht sprechen und wenn sie, die Emma, einmal später gesagt hätte, dass die beiden Hände, die große der Dame und die kleine von ihr, der Emma, sprachlos einander hielten und doch zueinander sprachen, so wie der Wind zu den Wolken spricht und sich bei ihnen entschuldigt, wenn er sie wieder einmal zu heftig über das Land getrieben hat und, um sich mit ihnen gut zu stellen, den Wolken ganz sachte durch das Gefieder streicht.

21

Ja, das hätte wohl niemand Emma geglaubt. Aber es würde Emma auch nicht stören, denn sie wusste, dass das, was sie auf der Türschwelle erlebt hatte, nicht erfunden war und kein Märchen war, sondern dass es wirklich war, und weil es für sie wirklich war, konnte es ihr auch niemand nehmen, und wenn sie nicht darüber sprach, würde es ihr auch erst recht niemand nehmen können.

Es konnte ihr ja auch niemand nehmen, wie sie da an der Straßenbahnendhaltestelle stand und dem Roland nachwinkte, während sich die Straßenbahn im Kreis drehte und dann wie eine gelbe, immer kleiner werdende Schachtel langsam in Richtung Stadt zurückfuhr und verschwand.

22

Und so konnte Emma auch niemand das Geheimnis der Hände nehmen, die mitten in der Luft aufeinander zugeschwebt waren und sich dann so ganz leicht und ohne Druck und mit einer sanften Haut berührten und nicht wie diese rohe Hornhaut, die Tante Asphalie inzwischen vom vielen Fliesenlegen bekommen hatte. Nein, es war eine ganz zarte Haut, wie Aprikosenmilch oder wie die Töne von Elchgeweihen im Abendwind und es war einfach schön, ja, es war einfach schön. Ja, einfach unendlich schön. So schön wie blaue Amulette. So schön wie weiße Akazien, die sich mit Rotspechten unterhalten. So schön wie Schäfchenwolken, die im orangenen Abendlicht baden und sich dann im Mondlicht Geschichten von den Aufregungen des vergangenen Tages zutuscheln, bevor sie sich die Wolkendecke über das Gesicht ziehen und dann mit Spannung einschlafen, wo sie am Morgen aufwachen werden.

So schön wie Gräser, die im Wind singen, von alten Weisen und von Rehen, die heimlich nachts auf der Lichtung schmusen. So schön wie putzige Robben, die im tiefblauen Eiswasser planschen und nie frieren. So schön wie rote Karussells, die sich im Klang der Drehorgel drehen, und immer schneller und immer schneller und immer höher in die blaue Luft hinaus und immer jagender und immer schneller und immer höher in die Lüfte hinaus und erst zum Mond und dann an der Sonne vorbei, so nah, dass man in der flachen Hand Bratäpfel braten kann und dann noch weiter und immer drehend und im Planetenwind wirbelnd und immer Handküsse an die Kometen verteilend, die mit ihren gewaltigen Lichtschweifen vorbeiziehen und dabei mächtig stolz sind, weil jeder auf der Erde mit dem Fernrohr nach ihnen Ausschau hält, und dann noch weiter, bis zur Milchstraße und dort zu einem kleinen Picnic mit Coca-Cola und Pommes anhaltend, in der Gastwirtschaft „Wilder Planet", Hausnummer 16a, Milchstraße, 9999999 Weltall, gleich um die Ecke vom Purpurstern.

Und dann nach dem schönen Picknick weiter und immer weiter und immer lustig weiter. So schön wie goldene Birnen im Wind. So schön wie die Handpuppe, die Oma Liliane der Emma einmal vor vielen Jahren geschenkt hat. So schön. So schön.

23

So schön, wie Roland plötzlich zu Emma sagte: „Ich bringe dich heute nach Hause." Und so schön, wie er dann Emma nachwinkte, so ein bisschen schüchtern, dass es niemand auf der Welt sehen würde, niemand in der Straßenbahn, denn die Straßenbahnpassagiere könnten es ja weitererzählen, niemand in der ganzen Stadt und niemand in dem ganzen Land und überhaupt niemand in der ganzen Welt. Und so schüchtern und schnell wie ein Augenblinken, dass es nur ein Mensch sehen würde, nur ein Mensch auf der ganzen Welt, nämlich Emma, die da an der Endstation stand, auch ganz schüchtern und auch ganz verlegen, und die schon vergessen hatte, dass er, der Roland, sie, die Emma, eine dumme Kuh genannt hatte und ihm vergeben hatte, wie bitterlich sie, die Emma, darüber geweint hatte und die da einfach an der Straßenbahnhaltestelle stand und gar nicht wusste wie ihr geschah, als sich ihre rechte Hand sachte anhob, wie von allein, um dem Roland nachzuwinken, ganz schüchtern, denn die Emma wollte ja um Himmels willen nicht, dass sie gesehen wurde. Denn auch sie wollte, dass es niemand im Weltall erfährt, dass sie dem Roland, den jetzt die immer kleiner werdende Straßenbahn wegfuhr, nachgewunken hatte und auch der Roland, der sah, wie die Emma immer kleiner wurde und dann nur noch ein kleiner, zarter Strich war, wollte nicht, dass es irgendjemand erfuhr, dieses große Geheimnis ...

24

So schön war es, dass Emma alles „Es war einmal" vergaß und nur auf einer Wolke von Seligkeit getragen wurde, in der ihr alle Stimmen zusangen, die Stimme der liebevollen Dame, die ihre Hand so sacht berührte, Erzengelin Rocky-Baby, und sogar ihr Vater kurz sein Flügelspiel unterbrach und seinen Kopf in Richtung Emma drehte und die Mutter vor Verwunderung die frische Brezel fallen ließ, die sie gerade wieder einmal gekauft hatte, und Tante Asphalie kurz beim Fliesenlegen innehielt ...

Und da sangen ihr, der kleinen Emma, alle Stimmen zu: „Es wird einmal."

25

Sanftes Wolkenwiegen, weiße Wolkenwagen,

blaue Meere, Zauberdüfte, Perlenglanz.

Es gibt so viel, was zarte Hände sagen,

auch all die Tränen, all die wundersamen Fragen,

auch der Kummer und der jauchzend frohe Jubeltanz.

„Es war einmal"

liegt hinter dir

und auch die große Zahl

der fabelhaften Wesen – die Fee, die Rose, Roby und,

ach, so lustiges Getier.

„Es war einmal"

liegt hinter dir.

Es kommen Silberwolken, goldne Früchte,

warmer Stimmenklang.

Du wirst es sehn, mit deinen Augen, und spüren auch

so manches Mal

den goldnen Atem warmer Hände, auf dem Lebensgang.

„Es wird einmal" so sein

wird dich begleiten,

ganz nah und warm an deiner Seiten.

So bist du nicht allein.

Du weißt es wohl in deinem Staunen,

so ganz verträumt im stillen Glanz des Sein.

DANK

Es ist mir eine große Freude, den Menschen zu danken, die mich durch ihre liebenswerten und wertschätzenden Rückmeldungen so lebhaft ermutigt haben, die in diesem Buch niedergeschriebene Märchenfantasie, die viele Jahre in einer Art Dornröschenschlaf verbracht hatte, sanft aufzuwecken, und die ihre Talente haben wirken lassen, den Weg zu diesem Buch zu begleiten und zu gestalten.

So gilt mein großer Dank Renate Kaiser, Susanne Kraft, Silvia Moser und Uwe Kohlhammer.

Peter Mittmann danke ich für die Großzügigkeit, mir sein bezauberndes Foto des Blicks von Taormina auf den in einer rosafarbenen Wolke verschwimmenden Ätna zur Verfügung zu stellen.

ÜBER DEN AUTOR

Dr. med. Peter Heinl MRCPsych
Arzt für Psychiatrie, Psychotherapie und Familientherapeut

Medizinstudium an den Universitäten Heidelberg, Montpellier (als Stipendiat der Universität Heidelberg), Bochum, Hamburg und Freiburg

Wissenschaftliche Arbeit bei Prof. Dr. Dr. J. C. Rüegg und dem Nobelpreisträger Sir Andrew Huxley OM PRS

Magna cum laude Promotion

DAAD Forschungsstipendiat

Postgraduate Training in Psychiatrie und Psychotherapie am Maudsley Postgraduate Teaching Hospital sowie Sheldon Fellow des Advanced Family Therapy Course an der Tavistock Clinic in London

Klinische und Seminar-, Ausbildungs- und Lehrtätigkeit

Mitglied des Royal College of Psychiatrists, London

International Fellow der American Psychiatric Association

Mitglied des Deutschen Kollegiums für Psychosomatische Medizin

Mitglied des Wissenschaftlichen Beirats Holocaust Center Austria

Patron des Children-in-War Memorial Day Project, London

Mitglied weiterer Fachgesellschaften und wissenschaftlicher Beiräte

Verfasser zahlreicher Publikationen in den Gebieten Muskelphysiologie, Psychiatrie, Psycho- und Familientherapie, Psychosomatik und Psychotraumatologie

Autor der Bücher

„MAIKÄFER FLIEG, DEIN VATER IST IM KRIEG …"
Seelische Wunden aus der Kriegskindheit

SPLINTERED INNOCENCE
An Intuitive Approach to Treating War Trauma

SCHLAFLOSER MOND
Im Labyrinth des Chronischen Erschöpfungssyndroms

LICHT IN DEN OZEAN DES UNBEWUSSTEN
Vom intuitiven Denken zur Intuitiven Diagnostik.
Ein Leitfaden in den Denkraum

LAVATANZ
Worte im schwebenden Raum

ESTHER K.
genannt Emma. Eine Märchenfantasie

LICHTSCHNEE
Im Wortraum

DIE TAGE AM WORTSEE
Roman

VERSECIRCUS

Koautor, mit Dr. Hildegund Heinl, des Buches

KÖRPERSCHMERZ – SEELENSCHMERZ
Die Psychosomatik des Bewegungssystems. Ein Leitfaden

BÜCHER VON HILDEGUND HEINL UND PETER HEINL

IM THINKAEON VERLAG

Neu erschienen als Buch und als EBook

**UND WIEDER
BLÜHEN DIE ROSEN**
Mein Leben nach dem Schlaganfall
Erstmals erschienen bei Kösel, München, 2001

Heinl, H.: Thinkaeon, London, 2015 (Neuauflage)

Erhältlich über www.Amazon.de

„MAIKÄFER FLIEG,
DEIN VATER IST IM KRIEG …"
Seelische Wunden aus der Kriegskindheit
Heinl, P.: Kösel, München, 1994, 8. Auflage

Neu erschienen als Buch und als EBook
„MAIKÄFER FLIEG,
DEIN VATER IST IM KRIEG …"
Seelische Wunden aus der Kriegskindheit
Erstmals erschienen bei Kösel, München, 1994
Heinl, P.: Thinkaeon, London, 2015
Erhältlich über www.Amazon.de

KÖRPERSCHMERZ-SEELENSCHMERZ

Die Psychosomatik des Bewegungssystems
Ein Leitfaden

Heinl, H. und Heinl. P.: Kösel, München 2004
6. Auflage

Neu erschienen als Buch und als EBook

KÖRPERSCHMERZ-SEELENSCHMERZ

Die Psychosomatik des Bewegungssystems
Ein Leitfaden

Erstmals erschienen bei Kösel, München, 2004

Heinl, H. und Heinl. P.: Thinkaeon, London, 2015
(Neuauflage)

Erhältlich über www.Amazon.de

Neu erschienen als Buch und als EBook

LICHT IN DEN OZEAN DES UNBEWUSSTEN

Vom intuitiven Denken zur Intuitiven Diagnostik
Ein Leitfaden in den Denkraum

Heinl, P.: Thinkaeon, London, 2014

Erhältlich über www.Amazon.de

Soon available

LIGHT INTO THE OCEAN OF THE UNCONSCIOUS

From Intuitive Thinking to Intuitive Diagnostics
A Path into the Realm of Thinking

Heinl, P.: Thinkaeon, London, 2017

Soon available via Amazon

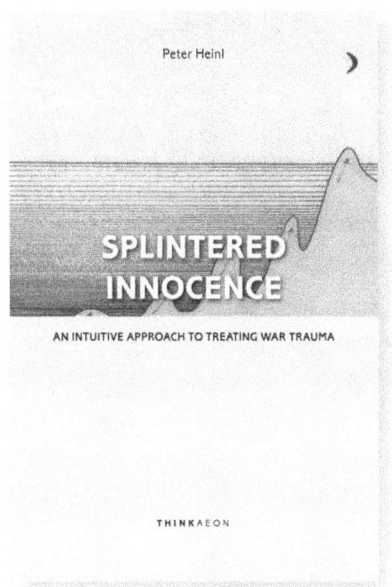

Neu erschienen als Buch und als EBook

SPLINTERED INNOCENCE

An Intuitive Approach to Treating War Trauma

Erstmals erschienen bei Routledge, London-New York, 2001

Heinl, P.: Thinkaeon, London, 2015

Erhältlich über www.Amazon.de

Neu erschienen als Buch und als EBook

SCHLAFLOSER MOND

Im Labyrinth des Chronischen Erschöpfungssyndroms

Heinl, P.: Thinkaeon, London, 2016

Erhältlich über www.Amazon.de

Neu erschienen als Buch und als EBook
LAVATANZ
Worte im schwebenden Raum
Heinl, P.: Thinkaeon, London, 2016
Erhältlich über www.Amazon.de

Neu erschienen als Buch und als EBook
**ESTHER K.
GENANNT EMMA**
Eine Märchenfantasie
Heinl, P.: Thinkaeon, London, 2016
Erhältlich über www.Amazon.de

Neu erschienen als Buch und als EBook

LICHTSCHNEE

im Wortraum

Heinl, P.: Thinkaeon, London, 2016

Erhältlich über www.Amazon.de

Neu erschienen als Buch und als EBook

DIE TAGE AM WORTSEE

Roman

Heinl, P.: Thinkaeon, London, 2016

Erhältlich über www.Amazon.de

Neu erschienen als Buch und als EBook

VERSECIRCUS

Heinl, P.: Thinkaeon, London, 2016

Erhältlich über www.Amazon.de

www.ingramcontent.com/pod-product-compliance
Lightning Source LLC
Chambersburg PA
CBHW070204100426
42743CB00013B/3041